Impressum
Verlag: BABADADA GmbH, Nedderfeld 112 , 22529 Hamburg
Geschäftsführer / Verlagsleitung: Harald Hof
Druck: Books on Demand GmbH, In de Tarpen 42, 22848 Norderstedt

Imprint
Publisher: BABADADA GmbH, Nedderfeld 112 , 22529 Hamburg, Germany
Managing Director / Publishing direction: Harald Hof
Print: Books on Demand GmbH, In de Tarpen 42, 22848 Norderstedt

école

scol

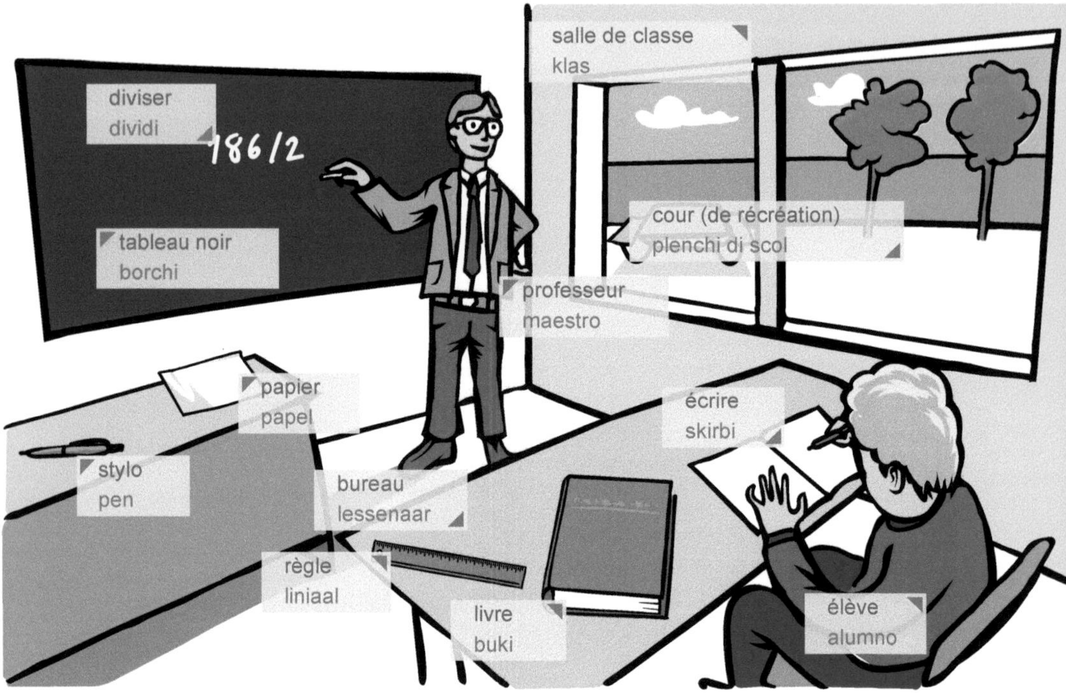
salle de classe
klas
diviser
dividi
186/2
tableau noir
borchi
cour (de récréation)
plenchi di scol
professeur
maestro
papier
papel
écrire
skirbi
stylo
pen
bureau
lessenaar
règle
liniaal
livre
buki
élève
alumno

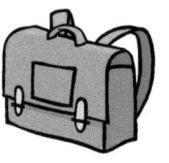

cartable

tas di scol

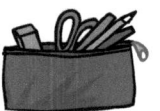

trousse

etui

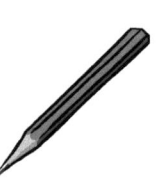

crayon

potlood

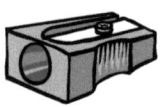

taille-crayon

slijper

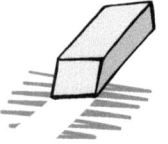

gomme

gum

carnet à dessin

buki di pinta

dessin

pintura

pinceau

cuashi

boîte de peinture

caha di verf

ciseaux

sker

colle

lijm

cahier d'exercices

schrift

devoirs

huiswerk

chiffre

number

additionner

suma

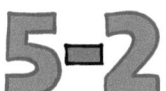

soustraire

kita

multiplier

multiplica

calculer

conta

lettre

letter

alphabet

alfabet

mot

palabra

texte

texto

lire

lesa

craie

krijt

leçon

les

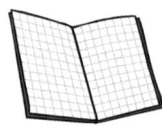

livre de classe

klassenboek

examen

examen

certificat

diploma

uniforme scolaire

uniform di scol

formation

estudio

lexique

enciclopedia

université

universidad

microscope

microscop

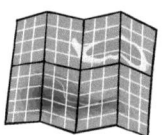

carte

mapa

corbeille à papier

bari di sushi

voyage
biahamento

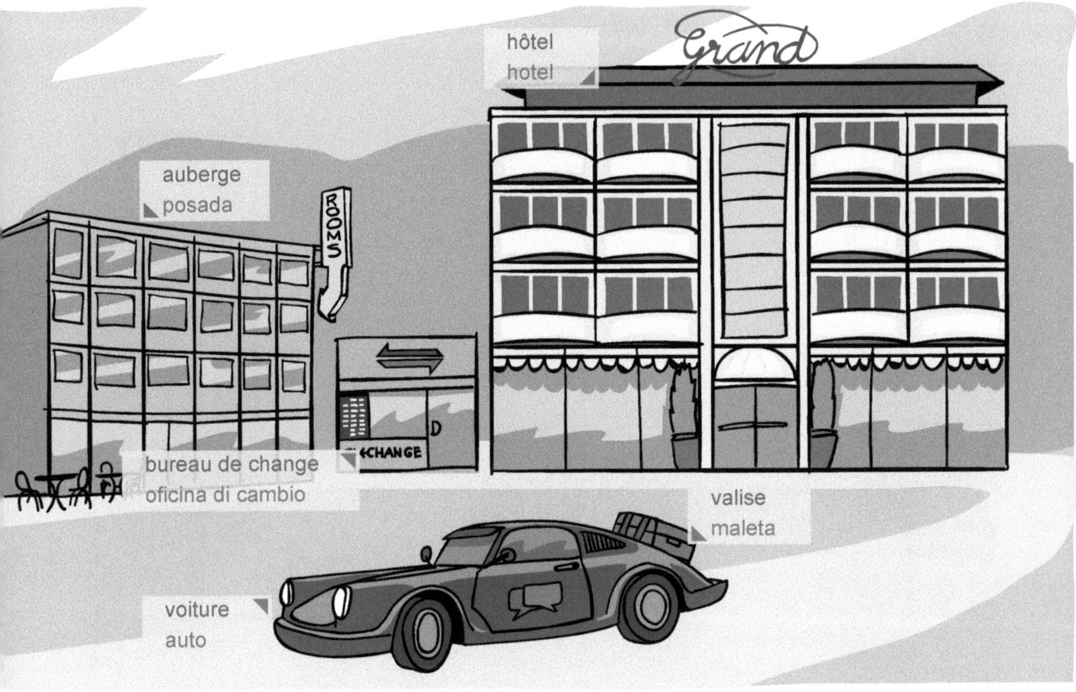
hôtel
hotel
Grand
auberge
posada
ROOMS
CHANGE
bureau de change
oficina di cambio
valise
maleta
voiture
auto

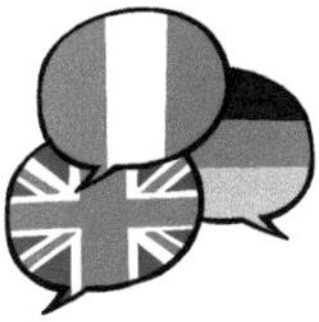

langue

idioma

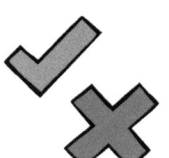

oui / non

si / no

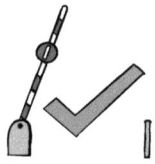

d'accord

bon

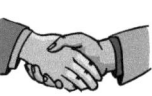

Salut

hallo

interprète

tolk

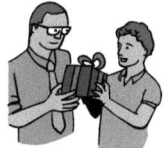

merci

masha danki

Combien coûte...?

Cuanto esaki ta costa?

Je ne comprends pas

Mi no ta compronde

problème

problema

Bonsoir !

bon nochi

Bonjour !

Bon dia!

Bonne nuit !

Bon nochi!

Au revoir

ayo

direction

direccion

bagages

maleta

sac

handbag

sac-à-dos

rugtas

hôte

huesped

pièce

camber

sac de couchage

slaapzak

tente

tent

office de tourisme

informacion pa turista

plage

lama

carte de crédit

credit card

petit-déjeuner

desayuno

déjeuner

cuminda di merdia

dîner

cuminda di anochi

billet

carchi

ascenseur

cabe'i boto

timbre

stampia

frontière

grens

douane

duana

ambassade

embahada

visa

visa

passeport

paspoort

transport

transport

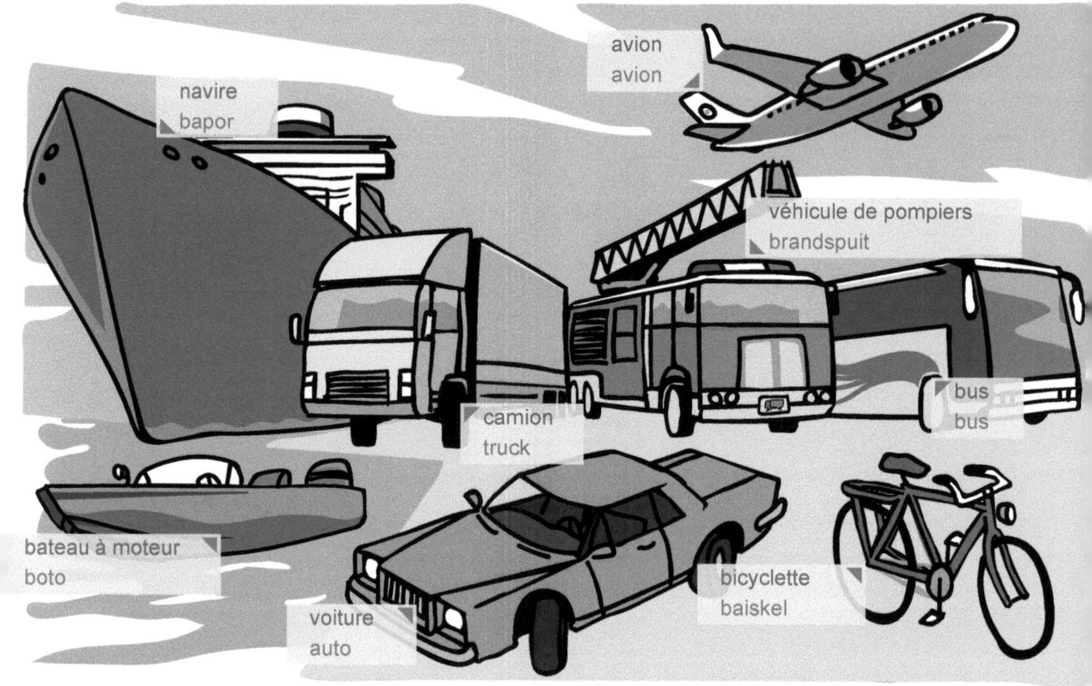

avion
avion
navire
bapor
véhicule de pompiers
brandspuit
bus
bus
camion
truck
bateau à moteur
boto
bicyclette
baiskel
voiture
auto

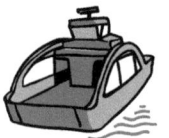

ferry

ferry

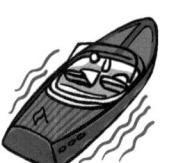

barque

boto

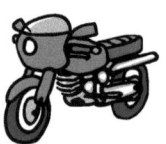

moto

brommer

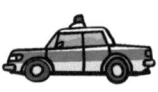

voiture de police

auto di polis

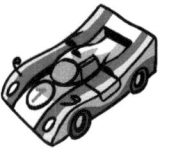

voiture de course

auto di careda

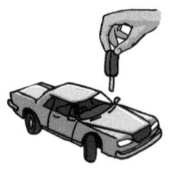

voiture de location

auto di huur

auto-partage

car sharing

voiture de remorquage

takelwagen

benne à ordures

dump truck

moteur

motor

essence

gasolin

station d'essence

pomp di gasolin

panneau indicateur

borchi di trafico

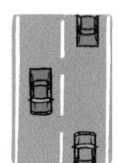

trafic

trafico

embouteillage

fila

parking

parkeerplaats

gare

stacion di trein

rails

riel

train

trein

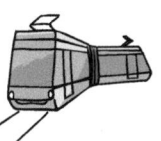

tramway

tram

wagon

wagon

hélicoptère

helicopter

aéroport

aeropuerto

tour

toren

passager

pasahero

conteneur

container

carton

caha di carton

chariot

garoshi

corbeille

macutu

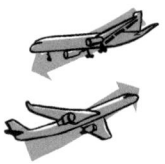

décoller / atterrir

lanta / baha

ville

ciudad

village

pueblo

centre-ville

centro di ciudad

maison

cas

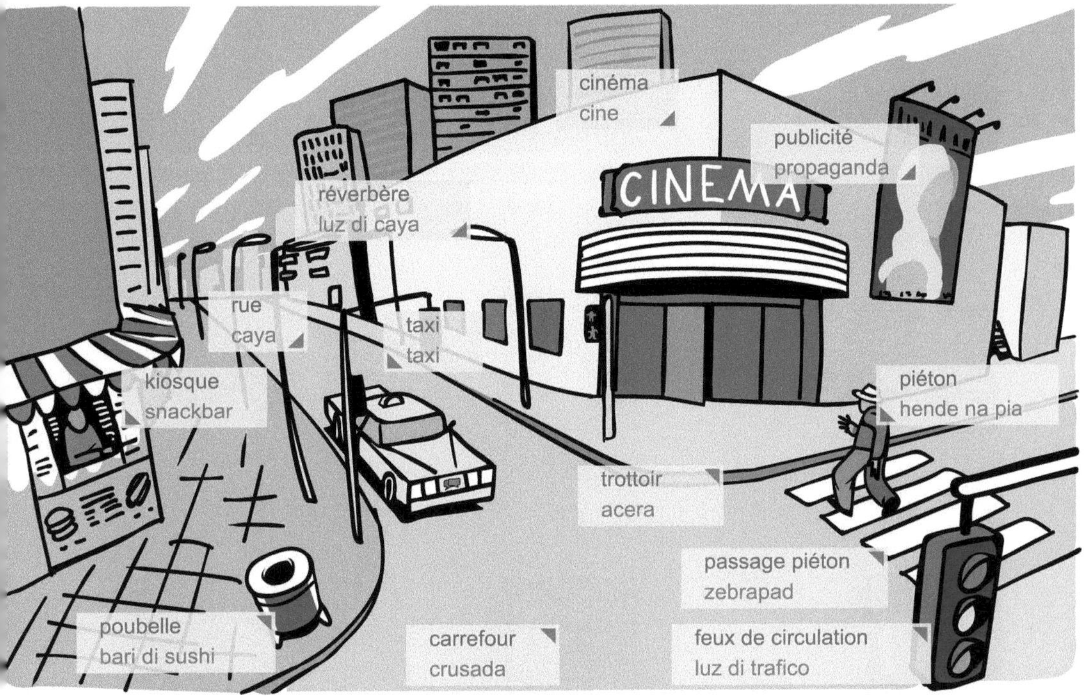
cinéma
cine
publicité
propaganda
CINEMA
réverbère
luz di caya
rue
caya
taxi
taxi
kiosque
snackbar
piéton
hende na pia
trottoir
acera
passage piéton
zebrapad
poubelle
bari di sushi
carrefour
crusada
feux de circulation
luz di trafico

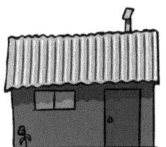

cabane

hut

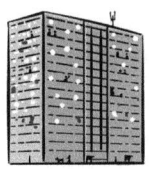

appartement

flat

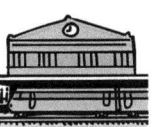

gare

stacion di trein

mairie

stadhuis

MUSEUM

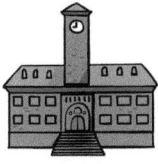

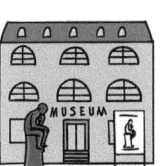

musée

museo

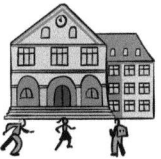

école

scol

université
universidad

banque
banco

hôpital
hospital

hôtel
hotel

pharmacie
botica

bureau
oficina

librairie
boekhandel

magasin
tienda

fleuriste
floresteria

supermarché
supermarket

marché
mercado

grand magasin
department store

poissonnerie
bendedo di pisca

centre commercial
shopping center

port
haf

parc
park

banque
banki

pont
brug

escaliers
trapi

métro
metro

tunnel
tunnel

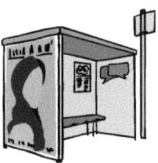

arrêt de bus
parada di bus

bar
bar

restaurant
restaurant

boîte à lettres
postbox

panneau indicateur
borchi di nomber di caya

parcmètre
parkeermeter

zoo
parke di bestia

piscine
piscina

mosquée
moskee

ferme
cunucu

pollution
polucion

cimetière
santana

église
misa

aire de jeux
speelplaats

temple
tempel

paysage
paisahe

feuille
blachi

panneau indicateur
borchi di direccion

chemin
caminda

pré
sabana

pierre
piedra

randonneur
keirodo

arbre
palo

rivière
riu

herbe
yerba

fleur
flor

vallée
vallei

montagne
sero

lac
lago

forêt
mondi

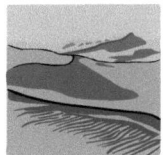

désert
desierto

volcan
volcan

château
kasteel

arc-en-ciel
arco iris

champignon
paddenstoel

palmier
palma

moustique
sangura

mouche
musca

fourmis
vruminga

abeille
bij

araignée
haraña

coléoptère

tor

grenouille

dori

écureuil

eekhoorn

hérisson

porcospina

lièvre

coneu

chouette

shoco

oiseau

parha

cygne

zwaan

sanglier

porco di mondi

cerf

bina

élan

eland

barrage

dam

éolienne

molina di biento

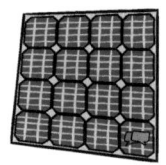

panneau solaire

panel solar

climat

clima

restaurant

restaurant

serveur
waiter
menu
menu
chaise
stoel
soupe
sopi
pizza
pizza
nappe
paña di mesa
couverts
bestek

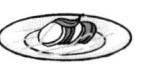

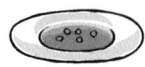

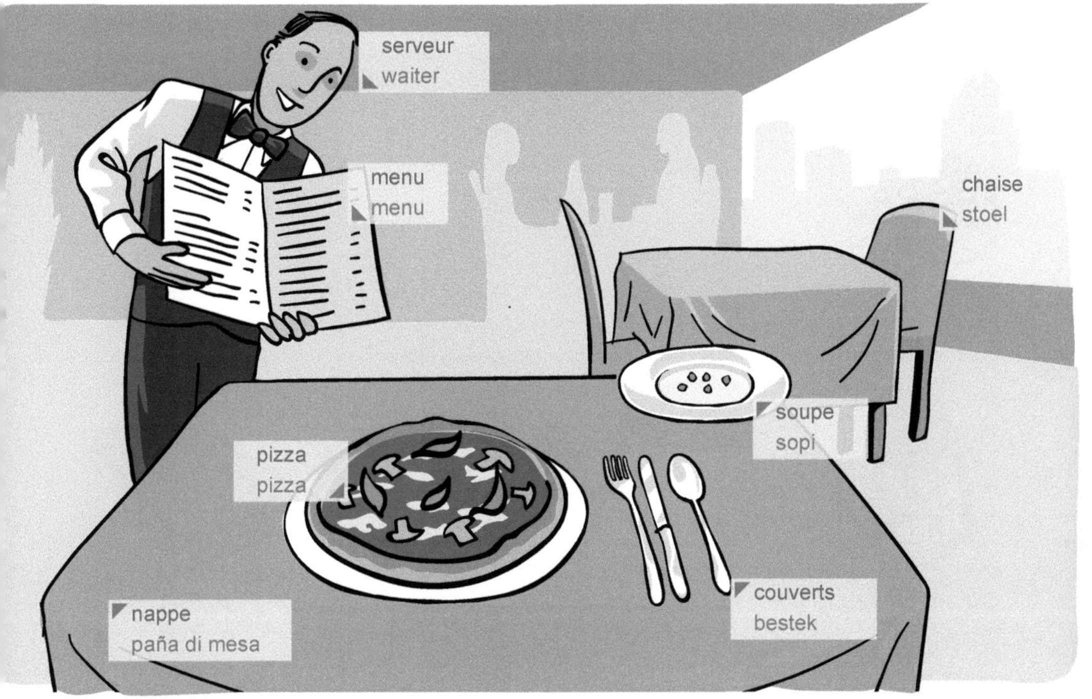

hors d'œuvre

aperitivo

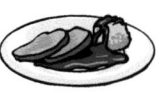

plat principal

cuminda principal

dessert

dessert

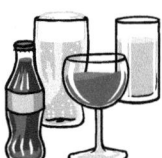

boissons

bebida

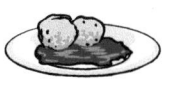

alimentation

cuminda

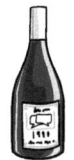

bouteille

boter

fast-food

fastfood

plats à emporter

streetfood

théière

canica di te

sucrier

pochi di sucu

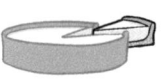

portion

porcion

machine à expresso

espressomachine

chaise haute

stoel di mucha

facture

cuenta

plateau

hasechi

couteau

cuchiu

fourchette

forki

cuillère

cuchara

cuillère à thé

telep

serviette

napkin

verre

glas

assiette
....
tayo

assiette à soupe
....
tayo di sopi

soucoupe
....
scoter

sauce
....
saus

salière
....
pochi di salo

moulin à poivre
....
mulina di peper

vinaigre
....
binager

huile
....
azeta

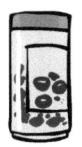

épices
....
specerij

ketchup
....
ketchup

moutarde
....
mosterd

mayonnaise
....
mayonaise

supermarché
supermarket

offre promotionnelle
oferta special
client
cliente
produits laitiers
producto lacteo
fruits
fruta
chariot
garoshi di compra
FOR

BUTCHERS

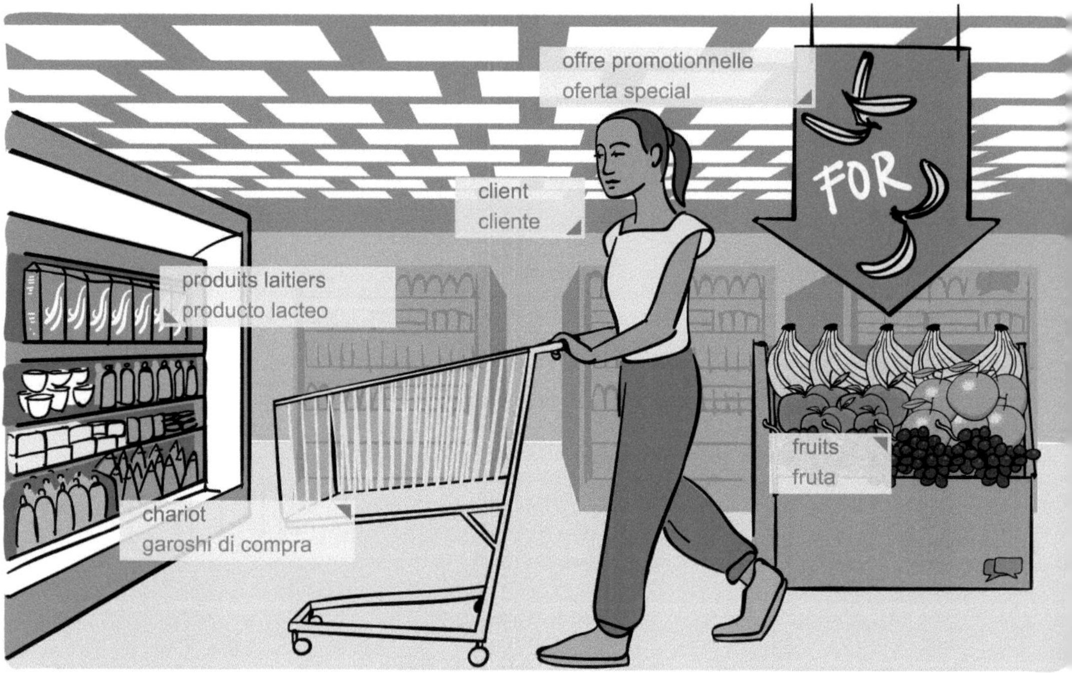

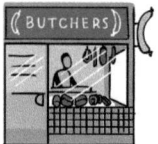

boucherie

carniceria

BAKERY

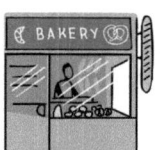

boulangerie

panaderia

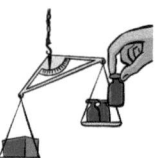

peser

pisa

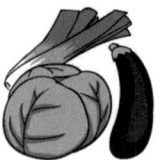

légumes

berdura

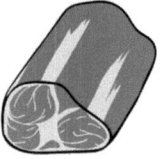

viande

carni

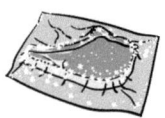

aliments surgelés

frozen food

charcuterie

beleg di carni

conserves

cuminda di bleki

poudre à lessive

detergente na puiro

bonbons

mangel

articles ménagers

producto pa cas

détergents

articulo di limpiesa

vendeuse

bendedo

caisse

cahero

caissier

cahero

liste d'achats

lista di compra

heures d'ouverture

orario

portefeuille

cartera

carte de crédit

credit card

sac

tas

sac en plastique

saco di plastic

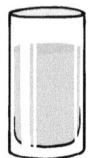

eau

awa

jus de fruit

juice

lait

lechi

coca

cola

vin

biña

bière

cerbes

alcool

alcohol

chocolat chaud

chocomel

thé

te

café

koffie

expresso

espresso

cappuccino

cappuccino

banane

bacoba

pomme

appel

orange

apelsina

melon

milon

citron

lamunchi

carotte

wortel

ail

conoflok

bambou

bambu

oignon

siboyo

champignon

mushroom

noisettes

noot

pâtes

pasta

spaghetti

spaghetti

riz

aros

salade

salada

pommes frites

batata hasa

pommes de terre rôties

batata hasa

pizza

pizza

hamburger

hamburger

sandwich

sandwich

escalope

cutlet

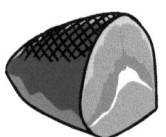

jambon

ham

salami

salami

saucisse

soseishi

poulet

galiña

rôti

hasa

poisson

pisca

alimentation - cuminda

flocons d'avoine

papa

muesli

müsli

cornflakes

cornflakes

farine

hariña

croissant

croissant

petits-pains

pan rondo

pain

pan

pain grillé

toast

biscuits

cuki

beurre

manteca

le fromage blanc

kwark

gâteau

bolo

œuf

webo

œuf au plat

webo hasa

fromage

keshi

glace

ijscream

sucre

sucu

miel

honing

confiture

jam

crème nougat

pasta di chuculati

curry

curry

ferme

cunucu

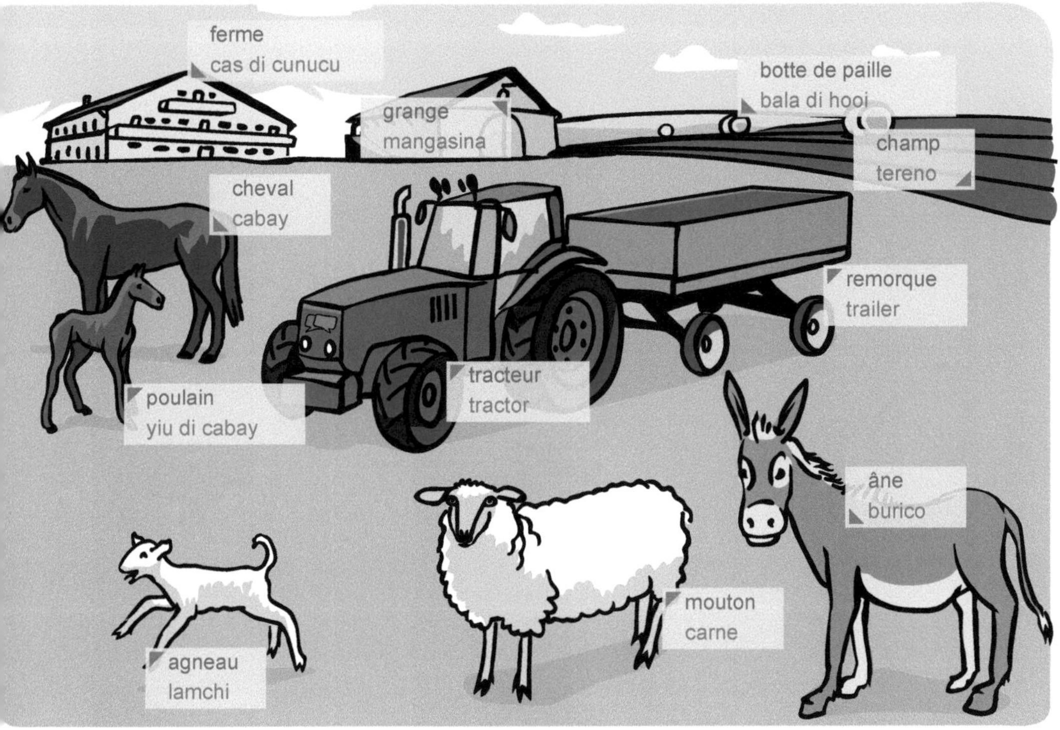
ferme
cas di cunucu
grange
mangasina
botte de paille
bala di hooi
champ
tereno
cheval
cabay
remorque
trailer
tracteur
tractor
poulain
yiu di cabay
âne
burico
mouton
carne
agneau
lamchi

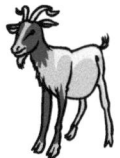

chèvre

cabrito

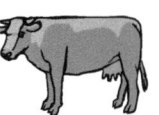

vache

baca

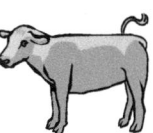

veau

bishe

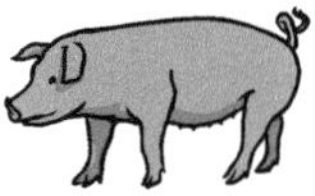

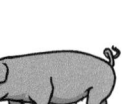

porc

porco

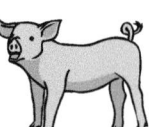

porcelet

yiu di porco

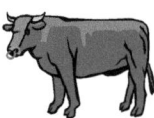

taureau

toro

oie

gans

canard

pato

poussin

puyito

poule

galiña

coq

gay

rat

djaca

chat

pushi

souris

raton

bœuf

toro

chien

cacho

chenil

cas di cacho

tuyau de jardin

slang pa muha mata

arrosoir

gieter

faucheuse

herment pa corta yerbe

charrue

ploeg

faucille
garabati

pioche
chapi

fourche
forki pa coy hooi

hache
hacha

brouette
garetia

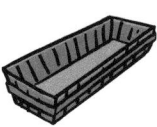

cuve
pesebre

pot à lait
canica di lechi

sac
saco

clôture
heki

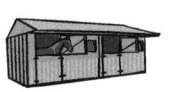

étable
stal

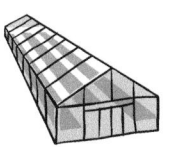

serre
greenhouse

sol
suela

semences
simia

engrais
mest

moissonneuse-batteuse
mashin di cosecha

récolter

cosecha

récolte

cosecha

igname

yams

blé

trigo

soja

soya

pomme de terre

batata

maïs

maishi

colza

canola

arbre fruitier

palo di fruta

manioc

yuca

céréales

grano

maison
cas

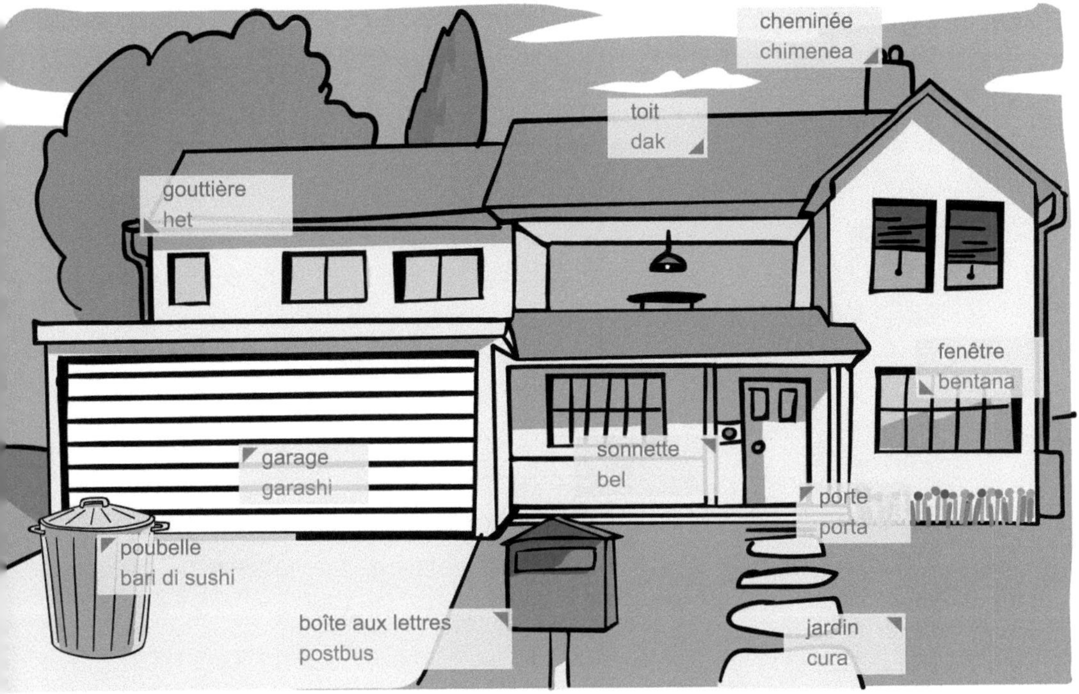
cheminée
chimenea
toit
dak
gouttière
het
fenêtre
bentana
garage
garashi
sonnette
bel
porte
porta
poubelle
bari di sushi
boîte aux lettres
postbus
jardin
cura

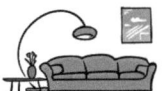

salon
sala

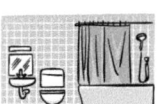

salle de bain
baño

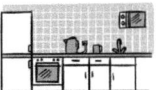

cuisine
cushina

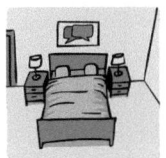

chambre à coucher
camber

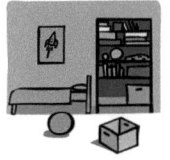

chambre d'enfant
camber di mucha

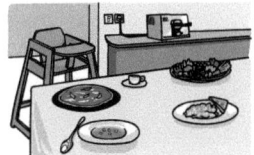

salle à manger
comedo

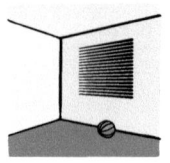

sol
suela

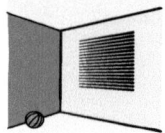

mur
muraya

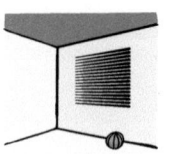

plafond
blafon

cave
bodega

sauna
sauna

balcon
balcon

terrasse
terasa

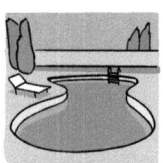

piscine
piscina

tondeuse à gazon
mashin di corta yerba

housse
laken

couette
bedsprei

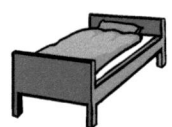

lit
cama

balai
basora

sceau
hemchi

interrupteur
switch

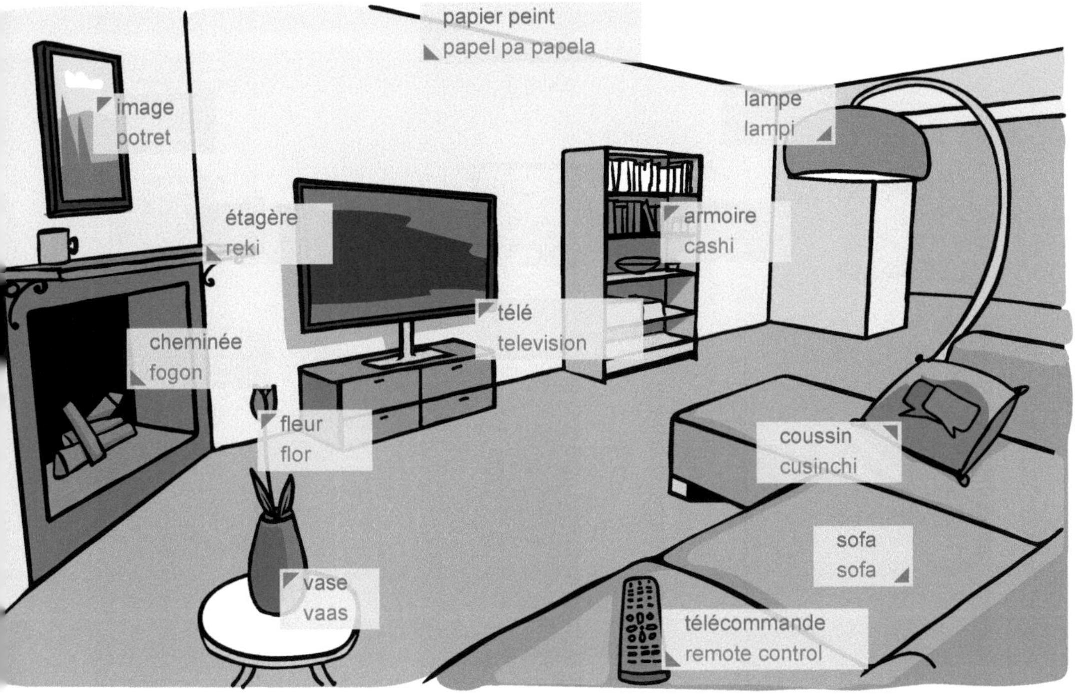

papier peint
papel pa papela

image
potret

lampe
lampi

étagère
reki

armoire
cashi

télé
television

cheminée
fogon

fleur
flor

coussin
cusinchi

vase
vaas

sofa
sofa

télécommande
remote control

tapis
tapijt

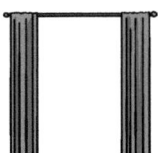

rideau
cortina

table
mesa

chaise
stoel

chaise à bascule
stoel di zoya

fauteuil
stoel

livre

buki

couverture

dekel

décoration

decoracion

bois de chauffage

palo pa kima

film

film

chaîne hi-fi

stereoset

clé

yabi

journal

corant

peinture

cuadra

poster

poster

radio

radio

bloc-notes

blocnote

aspirateur

stofzuiger

cactus

cadushi

bougie

bela

cuisine
cushina

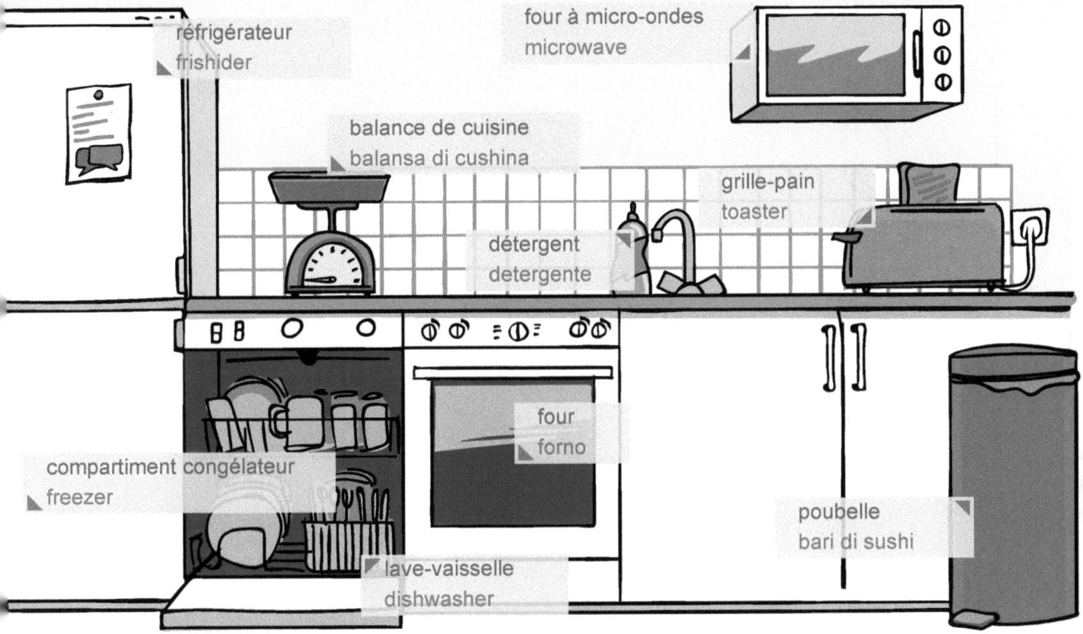

réfrigérateur
frishider
four à micro-ondes
microwave
balance de cuisine
balansa di cushina
grille-pain
toaster
détergent
detergente
four
forno
compartiment congélateur
freezer
poubelle
bari di sushi
lave-vaisselle
dishwasher

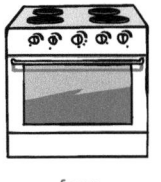

four
stoof

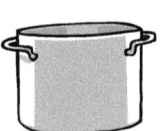

casserole
wea

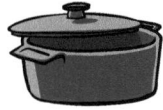

marmite
wea di hero

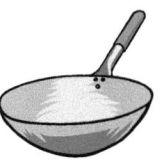

wok / kadai
wok

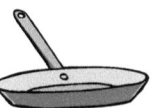

poêle
planchi

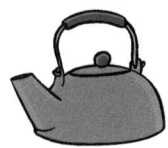

bouilloire electrique
ketel

cuiseur vapeur

steamer

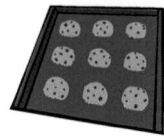

plaque de cuisson

teblachi pa horna

vaisselle

servies

gobelet

beker

coupe

conchi

baguettes

chopstick

louche

cuchara di sopi

spatule

spatula

fouet

garde

passoire

scurido

tamis

colado

râpe

raspa

mortier

fenso

barbecue

barbecue

cheminée

candela

planche à découper

planki pa corta

rouleau à pâtisserie

rostok

tire-bouchon

kurkentrek

boîte

bleki

ouvre-boîte

cos di habri bleki

maniques

pannenlap

lavabo

wasbak

brosse

skeiro

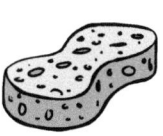

éponge

spons

mixeur

blender

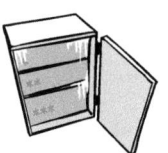

congélateur

freezer

biberon

tetero

robinet

cranchi

salle de bain

baño

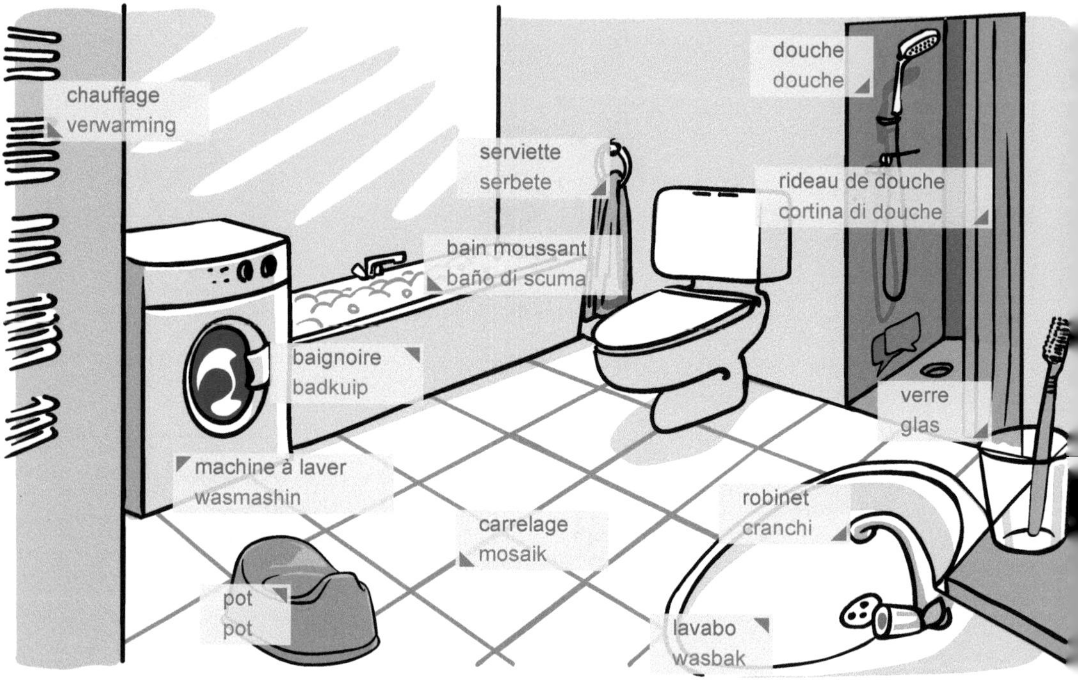

douche
douche
chauffage
verwarming
serviette
serbete
rideau de douche
cortina di douche
bain moussant
baño di scuma
baignoire
badkuip
verre
glas
machine à laver
wasmashin
robinet
cranchi
carrelage
mosaik
pot
pot
lavabo
wasbak

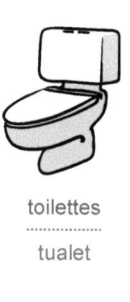

toilettes

tualet

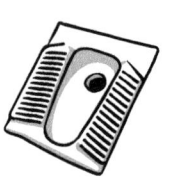

toilette à la turque

hurktoilet

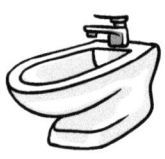

bidet

bidet

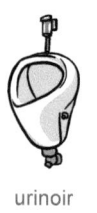

urinoir

urinal

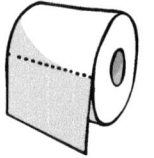

papier toilette

papel di w.c.

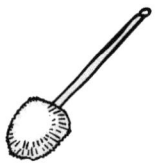

brosse à toilette

skeiro di w.c.

brosse à dents

skeiro di djente

dentifrice

pasta di djente

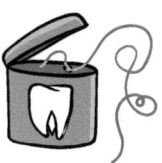

fil dentaire

dental floss

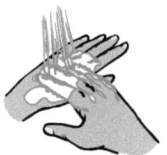

laver

laba

douche manuelle

douche di man

douche intime

bidet

vasque

tobo

brosse dorsale

skeiro

savon

habon

gel douche

shower gel

shampooing

shampoo

gant de toilette

washandje

écoulement

drain

crème

crema

déodorant

desodorante

miroir
spiel

miroir cosmétique
spiel di man

rasoir
blet

mousse à raser
shaving foam

après-rasage
aftershave

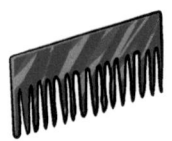

peigne
peña

brosse
skeiro

sèche-cheveux
blower

laque pour cheveux
spray pa cabey

fond de teint
makeup

rouge à lèvres
lipstick

vernis à ongles
cos di pinta huña

ouate
catuna

coupe-ongles
sker pa corta huña

parfum
perfume

trousse de toilette

tas

tabouret

kruk

pèse-personne

balansa

peignoir

bata

gants de nettoyage

handschoen

tampon

tampon

serviettes hygiéniques

kotex

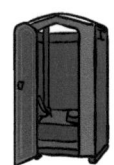

toilette chimique

wc kimico

chambre d'enfant

camber di mucha

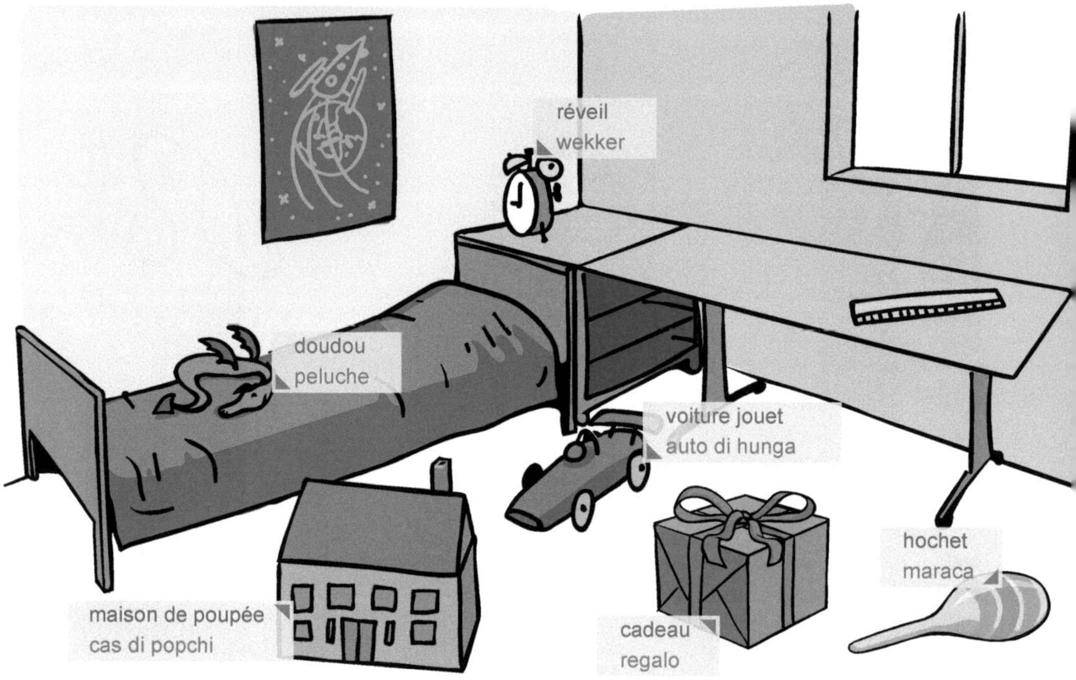
réveil
wekker
doudou
peluche
voiture jouet
auto di hunga
hochet
maraca
maison de poupée
cas di popchi
cadeau
regalo

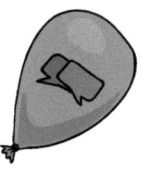

ballon

blaas

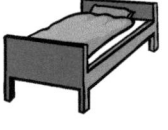

lit

cama

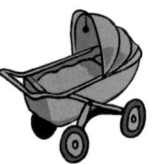

poussette

stroller

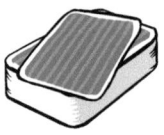

jeu de cartes

baraha di carta

puzzle

puzzel

SUPER
MEGA

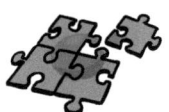

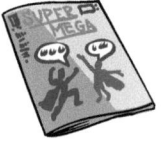

bande dessinée

comic

pièces lego

lego

blocs de construction

bloki di hunga

figurine

figura di accion

grenouillère

romper

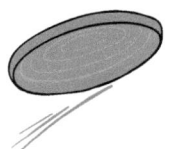

frisbee

frisbee

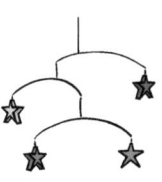

mobile

mobil

jeu de société

wega di mesa

dé

dou

train miniature

set di trein

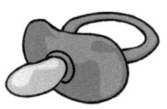

sucette

chupon

fête

fiesta

livre d'images

buki di prenchi

balle

bala

poupée

popchi

jouer

hunga

bac à sable
zandbak

balançoire
zoya

jouets
cos di hunga

console de jeu
videogame

tricycle
tricycle

ours en peluche
beer

armoire
cashi di paña

vêtements

paña

chaussettes
mea

bas
mea

collant
pantyhose

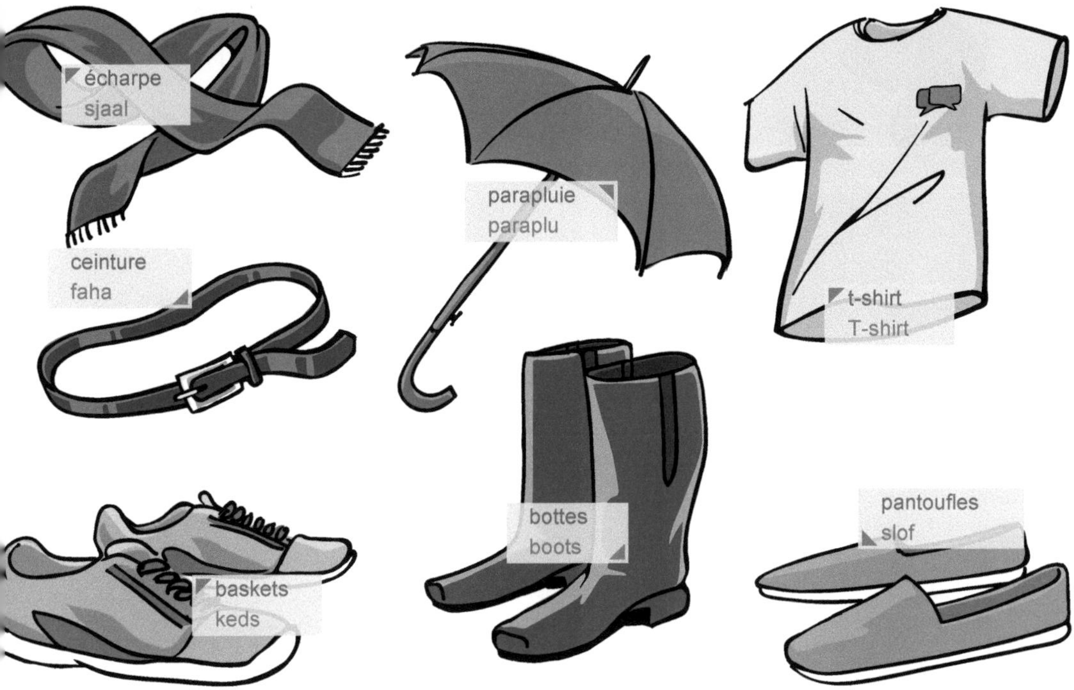

écharpe
sjaal

ceinture
faha

parapluie
paraplu

t-shirt
T-shirt

bottes
boots

pantoufles
slof

baskets
keds

sandales
....
sandalia

chaussures
....
sapato

bottes de caoutchouc
....
laars di rubber

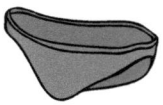

sous-vêtements
....
carsonsio

soutien-gorge
....
bh

maillot de corps
....
flanel

body
body

pantalon
carson

jean
jeans

jupe
saya

chemisier
blusa

chemise
camisa

pull
sweater

sweat à capuche
sweater

veste
blazer

veste
jacket

manteau
jas

imperméable
regenjas

costume
flus

robe
shimis

robe de mariée
shimis di bruid

costume

flus

chemise de nuit

yapon

pyjama

pidjama

sari

sari

foulard

lenso di cabes

turban

turban

burqa

burqa

caftan

kaftan

abaya

abaya

maillot de bain

zwempak

maillot de bain

zwembroek

short

carson cortico

tenue d'entraînement

trainingspak

tablier

lantera

gants

handschoen

bouton

boton

lunettes

bril

bracelet

armband

collier

cadena

bague

renchi

boucle d'oreille

renchi di horea

bonnet

pechi

cintre

kapstok

chapeau

sombre

cravate

dashi

fermeture éclair

ziper

casque

helm

bretelles

guiel

uniforme scolaire

uniform di scol

uniforme

uniform

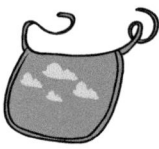

bavoir

babado

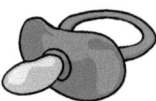

sucette

chupon

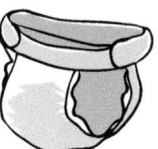

lange

bruki

bureau
oficina

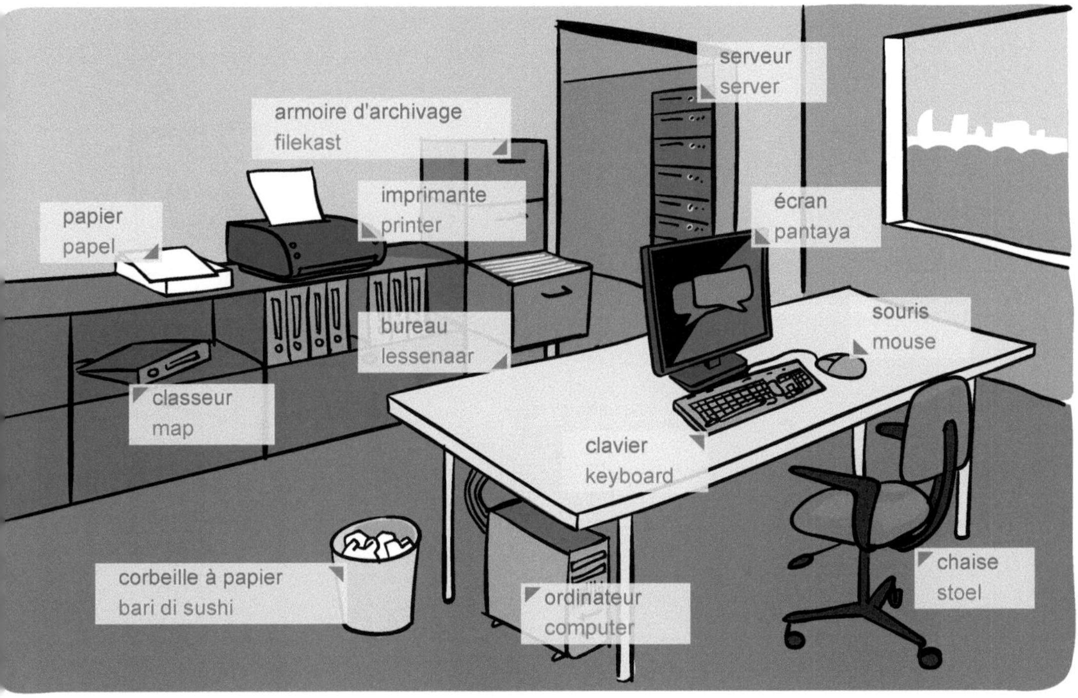

serveur
server
armoire d'archivage
filekast
imprimante
printer
papier
papel
écran
pantaya
souris
mouse
bureau
lessenaar
classeur
map
clavier
keyboard
corbeille à papier
bari di sushi
ordinateur
computer
chaise
stoel

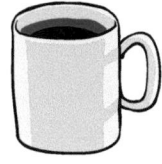

tasse de café

copi pa bebe koffie

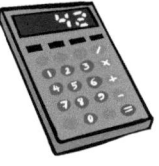

calculatrice

calculator

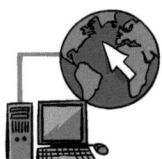

internet

internet

ordinateur portable
....
laptop

lettre
....
carta

message
....
mensahe

portable
....
celular

réseau
....
red

photocopieuse
....
mashin di copia

logiciel
....
software

téléphone
....
telefon

prise
....
stopcontact

fax
....
fax mashin

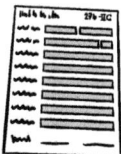

formulaire
....
formulario

document
....
documento

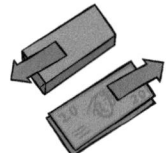

acheter
·············
cumpra

payer
·············
paga

faire du commerce
·············
negosha

monnaie
·············
placa

USD

dollar
·············
dollar

EUR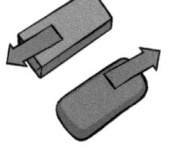

euro
·············
euro

JPY

yen
·············
yen

RUB

rouble
·············
roebel

CHF

franc suisse
·············
frank suiso

CNY

renminbi yuan
·············
yuan renminbi

INR

roupie
·············
roepi

distributeur automatique
·············
bancomatico

bureau de change

oficina di cambio

or

oro

argent

plata

pétrole

azeta

énergie

energia

prix

prijs

contrat

contract

taxe

impuesto

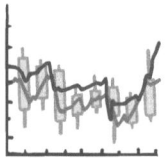

action

share

travailler

traha

employé

empleado

employeur

dunado di trabou

usine

fabrica

magasin

tienda

professions
ofishi / profesion

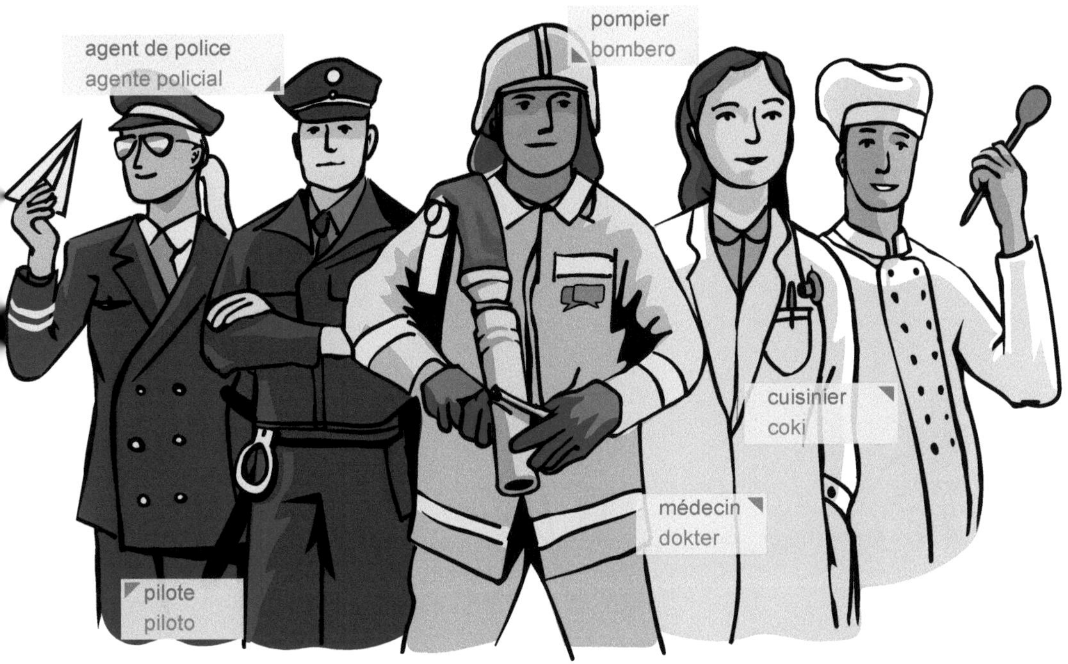
agent de police
agente policial
pompier
bombero
cuisinier
coki
médecin
dokter
pilote
piloto

jardinier

hardinero

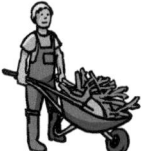

menuisier

carpinte

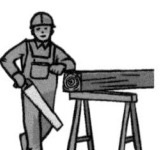

couturière

cosedo

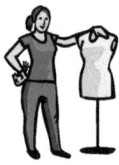

juge

hues

chimiste

kimico

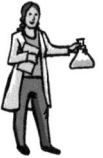

acteur

actor

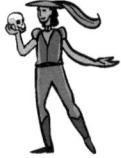

conducteur de bus

chauffeur di bus

chauffeur de taxi

chauffeur di taxi

pêcheur

piscado

femme de ménage

hende cu ta haci cas limpi

couvreur

drechado di dak

serveur

waiter

chasseur

jaagdo

peintre

verfdo

boulanger

panadero

électricien

electricista

ouvrier

trahado den construccion

ingénieur

ingeniero

boucher

carnicero

plombier

loodgieter

facteur

partido di carta

soldat

solda

architecte

arkitecto

caissier

cahero

fleuriste

florista

coiffeur

pelukero / pelukera

contrôleur

controlado di ticket

mécanicien

mecanico

capitaine

capitan

dentiste

dentista

scientifique

cientifico

rabbin

rabbi

imam

imam

moine

monk

prêtre

pastor

professions - ofishi / profesion

outils
herment

marteau
martiu
pinces
pins
tournevis
schroefdraai
clé
wrench
torche
flashlight

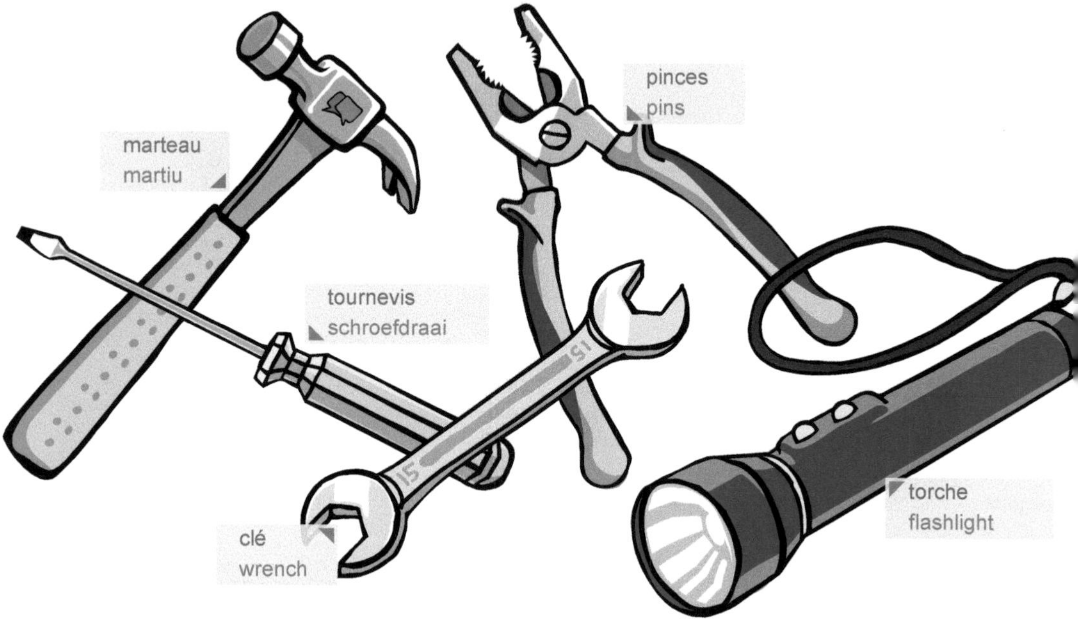

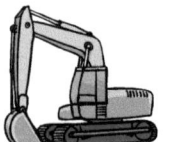

pelleteuse

bulldozer

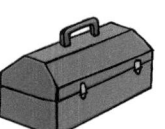

boîte à outils

caha di herment

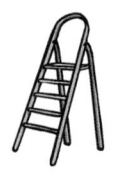

échelle

trapi

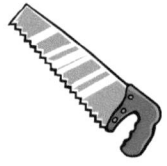

scie

zaag

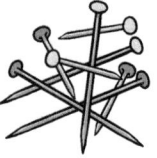

clous

clabo

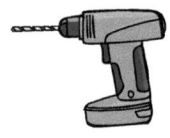

perceuse

boormashin

réparer

drecha

pelle

shobel

Mince !

caraho!

pelle

scop

pot de peinture

bleki di verf

vis

schroef

instruments de musique
instrumento musical

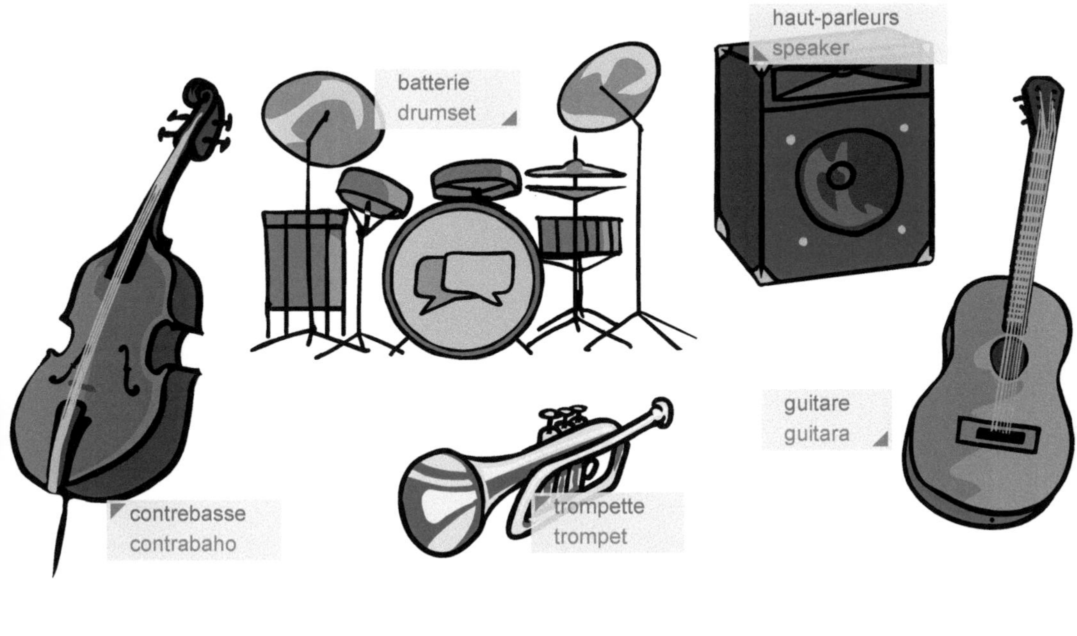

batterie
drumset

haut-parleurs
speaker

guitare
guitara

contrebasse
contrabaho

trompette
trompet

piano
piano

violon
fio

basse
baho

timbales
timbal

tambour
tambu

piano électrique
keyboard

saxophone
saxofon

flûte
fluit

microphone
microfon

zoo
parke di bestia

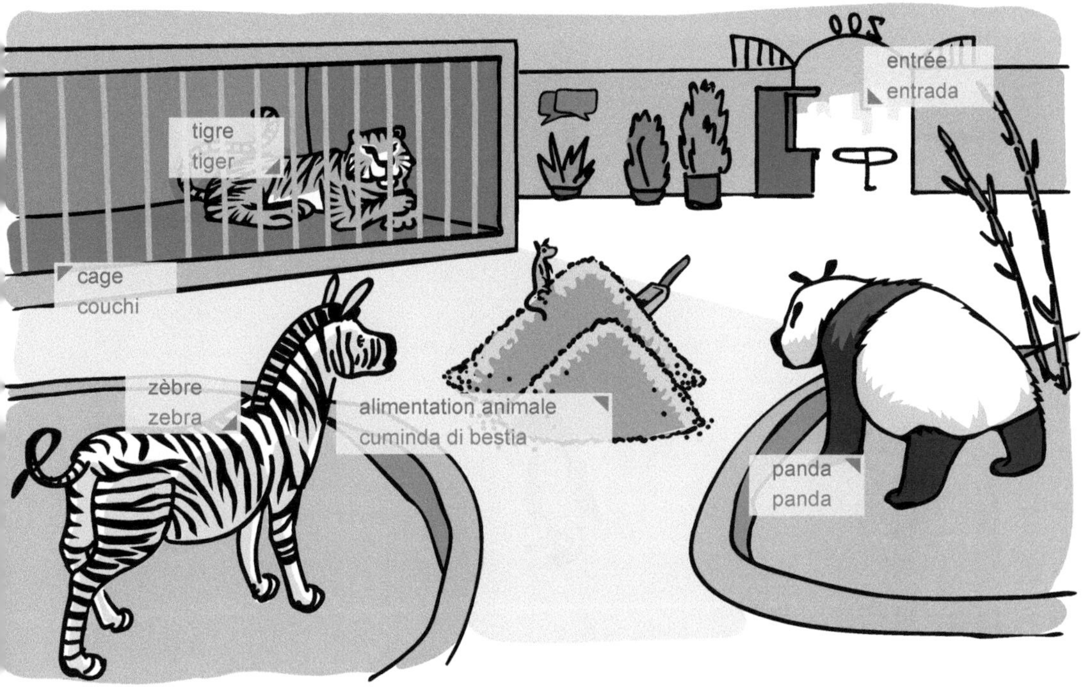

tigre
tiger
entrée
entrada
cage
couchi
zèbre
zebra
alimentation animale
cuminda di bestia
panda
panda

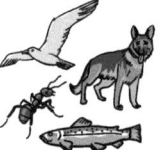

animaux
animal

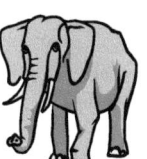

éléphant
olifante

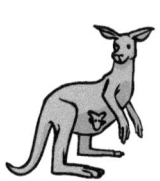

kangourou
cangaru

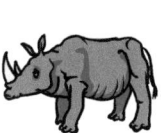

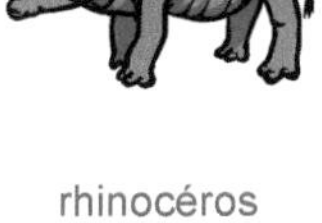

rhinocéros
neushoorn

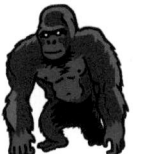

gorille
gorila

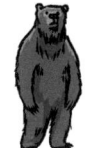

ours
beer

chameau

camel

autruche

avestruz

lion

leon

singe

macaco

flamand rose

flamingo

perroquet

lora

ours polaire

beer polar

pingouin

pinguin

requin

tribon

paon

pauwies

serpent

colebra

crocodile

caiman

gardien de zoo

cuidado di bestia

phoque

cacho di awa

jaguar

jaguar

poney

pony

léopard

leopardo

hippopotame

hipopotamo

girafe

giraf

aigle

aguila

sanglier

porco di mondi

poisson

pisca

tortue

turtuga

morse

walrus

renard

vos

gazelle

gazelle

american Football
futbol Americano

cyclisme
ciclismo

tennis
tennis

basket-ball
basketball

natation
landamento

hockey sur glace
ice hockey

boxe
boxeo

football
futbol

badminton
badminton

athlétisme
atletismo

handball
handbal

ski
ski

polo
polo

activités
actividad

rire
hari
sauter
bula
embrasser
brasa
marcher
cana
chanter
canta
rêver
soña
prier
resa
faire la bise
sunchi

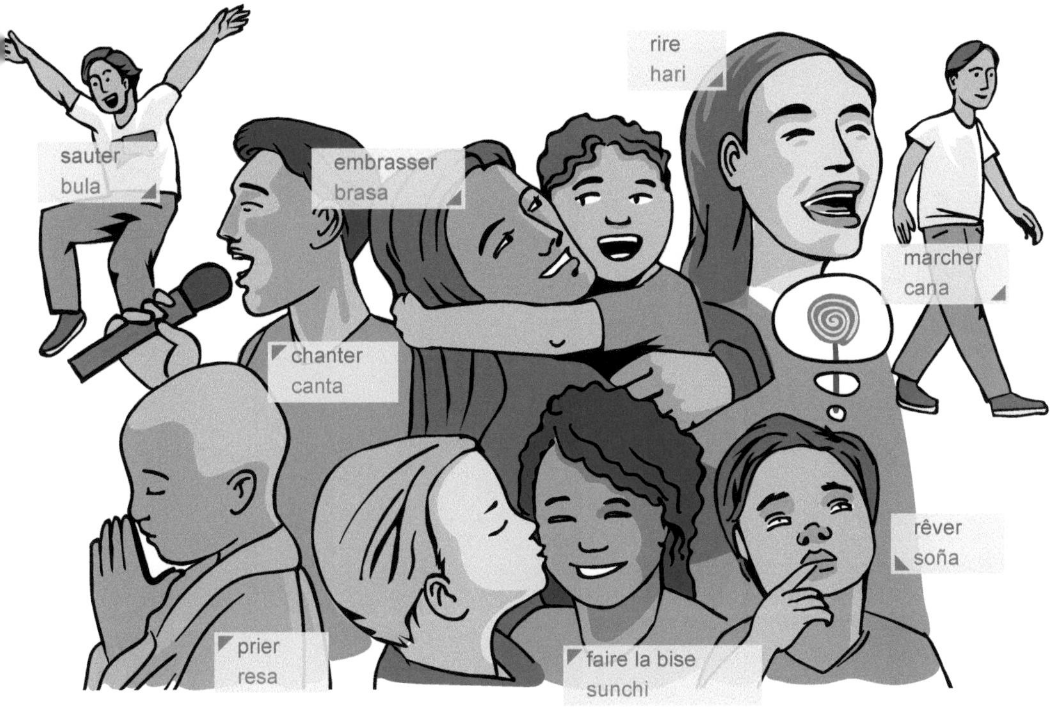

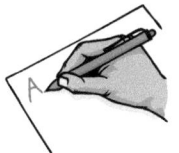

écrire

skirbi

dessiner

pinta

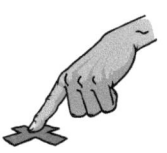

montrer

mustra

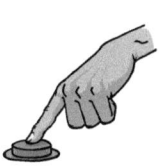

pousser

primi

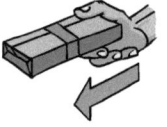

donner

duna

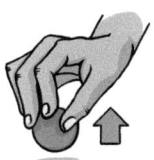

prendre

coy

avoir

tin

faire

haci

être

ta

être debout

para

courir

core

trier

ranca

jeter

tira

tomber

cay

être couché

drumi

attendre

warda

porter

carga

être assis

sinta

s'habiller

bisti

dormir

drumi

se réveiller

lanta fo'i soño

regarder

mira

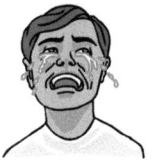

pleurer

yora

caresser

caricia

peigner

peña

parler

papia

comprendre

compronde

demander

puntra

écouter

scucha

boire

bebe

manger

come

ranger

ruim op

aimer

stima

cuire

cushna

conduire

bai

voler

bula

activités - actividad

faire de la voile

zeilo

calculer

conta

lire

lesa

apprendre

siña

travailler

traha

se marier

casa

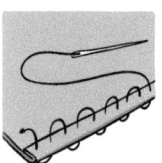

coudre

cose

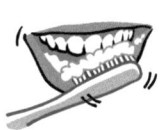

brosser les dents

skeiro djente

tuer

mata

fumer

huma

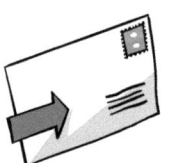

envoyer

manda

grand-mère
wela

grand-père
welo

père
tata

mère
mama

bébé
baby

fille
yiu muhe

fils
yiu homber

hôte
huesped

tante
tanta

oncle
omo

frère
ruman homber

sœur
ruman muhe

corps
curpa

front
frenta
œil
wowo
épaule
schouder
doigt
dede
visage
cara
menton
cachete
main
man
jambe
pia
poitrine
pecho
bras
brasa

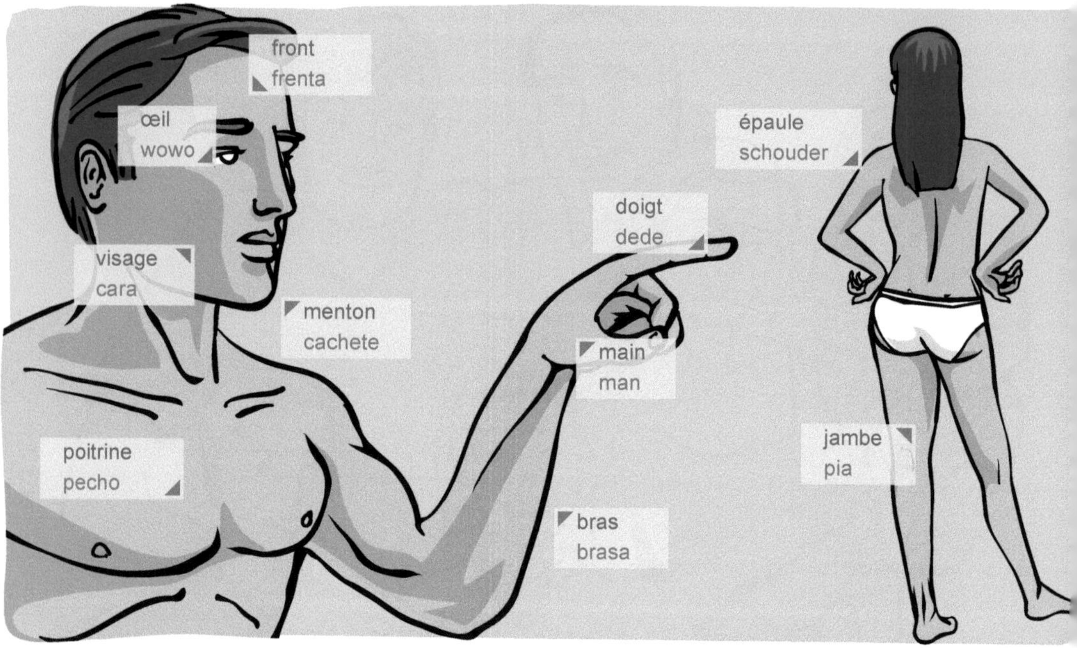

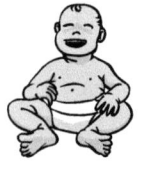

bébé

baby

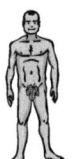

homme

homber

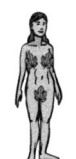

femme

muhe

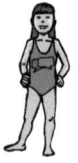

fille

mucha muhe

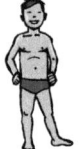

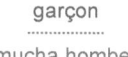

garçon

mucha homber

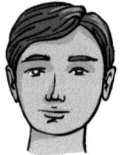

tête

cabes

dos

lomba

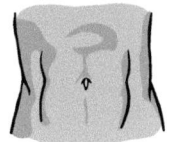

ventre

bariga

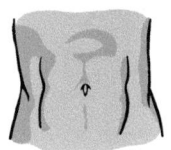

nombril

lombrishi

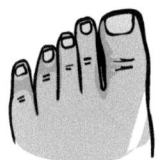

orteil

dede di pia

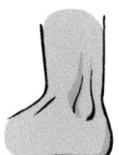

talon

hilchi

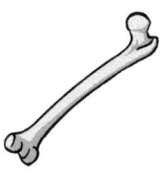

os

weso

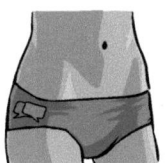

hanche

heup

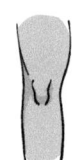

genou

rudia

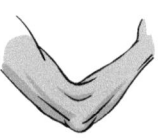

coude

elleboog

nez

nanishi

fesses

chanchan

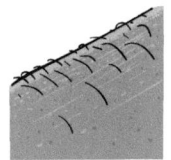

peau

cuero

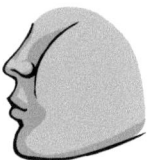

joue

wang

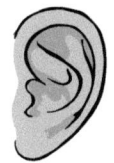

oreille

horea

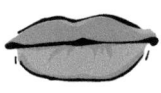

lèvre

lip

bouche

boca

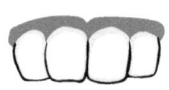

dent

djente

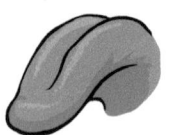

langue

lenga

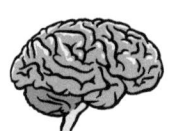

cerveau

celebro

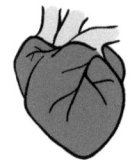

cœur

curason

muscle

musculo

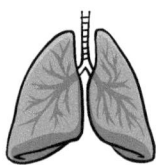

poumons

pulmon

foie

higra

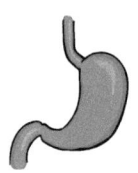

estomac

stoma

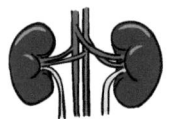

reins

nier

rapport sexuel

sex

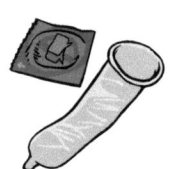

préservatif

condon

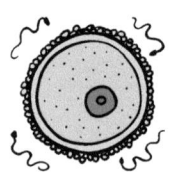

ovule

ovulo

sperme

sperma

grossesse

embaraso

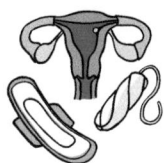

menstruation

menstruacion

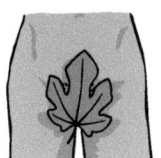

vagin

vagina

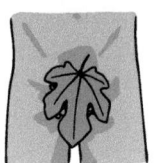

pénis

penis

sourcil

wenkbrauw

cheveux

cabey

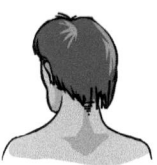

cou

nek

hôpital
hospital

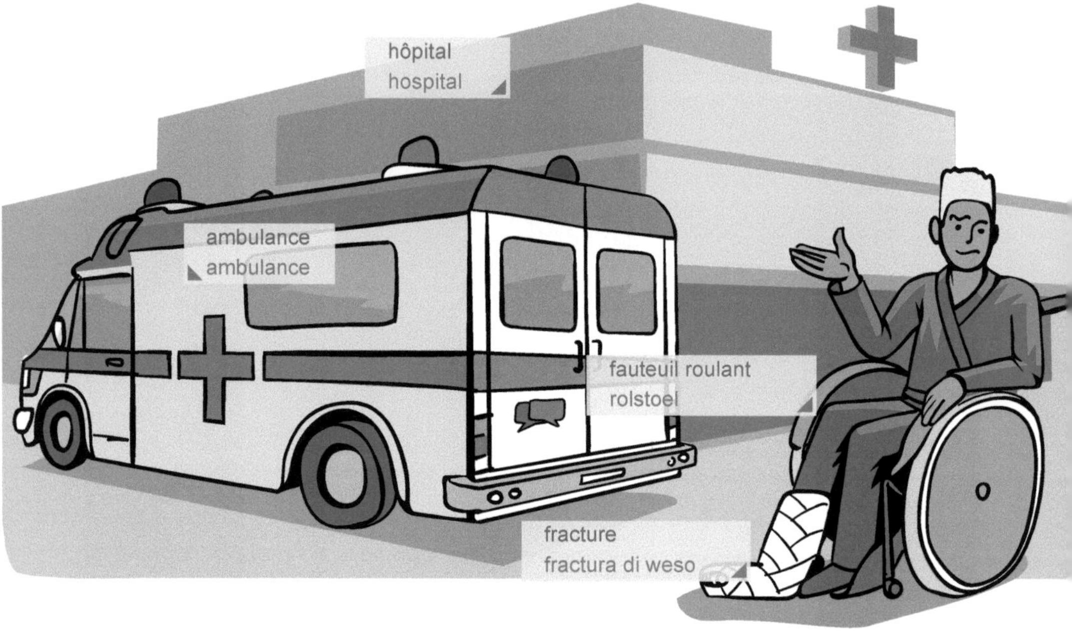

hôpital
hospital
ambulance
ambulance
fauteuil roulant
rolstoel
fracture
fractura di weso

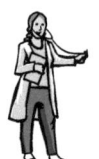

médecin

dokter

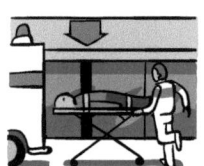

service des urgences

EHBO (prome asistencia/eerste hulp)

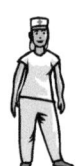

infirmière

nurse

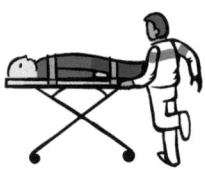

urgence

caso di emergencia

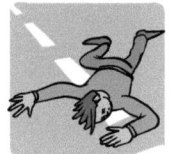

inconscient

fo'i tino

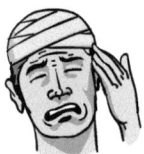

douleur

dolor

blessure

lesion

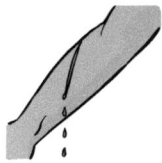

hémorragie

sangramento

crise cardiaque

ataca di curason

attaque cérébrale

ataca celebral

allergie

alergia

toux

tosa

fièvre

keintura

grippe

griep

diarrhée

diarea

mal de tête

dolor di cabes

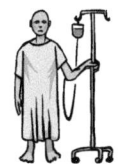

cancer

cancer

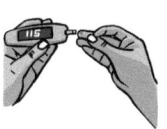

diabète

diabetes

chirurgien

ciruhano

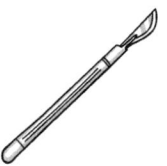

scalpel

scalpel

opération

operacion

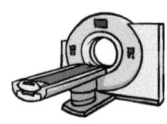

CT

CT

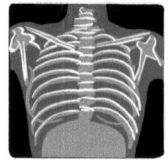

radiographie

x-ray

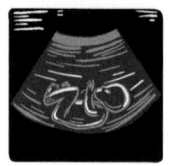

échographie

echo

masque

masker contra stof

maladie

malesa

salle d'attente

sala di espera

béquille

kruk

pansement

pleister

pansement

verband

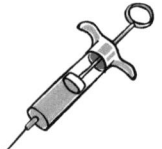

injection

inyeccion

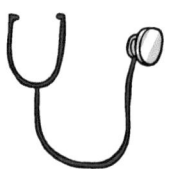

stéthoscope

stetoscop

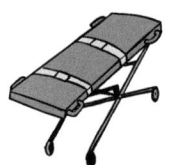

brancard

brancard

thermomètre

thermometer

accouchement

nacemento

surcharge pondérale

sobrepeso

appareil auditif

aparato pa oido

désinfectant

desinfectante

infection

infeccion

virus

virus

VIH / sida

HIV / AIDS

médicament

remedi

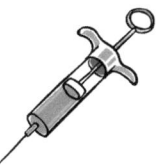

vaccination

vacuna

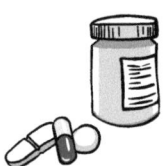

comprimés

pilder

pilule

pilder

appel d'urgence

yamada di emergencia

tensiomètre

aparato pa midi presion

malade / sain

malo / saludabel

Au secours !

auxilio!

alarme

alarma

assaut

atraco

attaque

atake

danger

peliger

sortie de secours

salida di emergencia

Au feu!

candela

extincteur

brandspuit

accident

desgracia

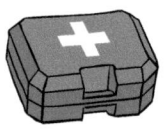

trousse de premier secours

caha di prome asistencia

SOS

SOS

police

polis

Europe

Europa

Amérique du Nord

Noord America

Amérique du Sud

Sur America

Afrique

Africa

Asie

Asia

Australie

Australia

Océan atlantique

Oceano Atlantico

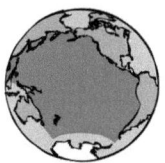

Océan pacifique

Oceano Pacifico

Océan indien

Oceano Indio

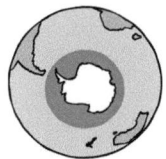

Océan antarctique

Oceano Antartico

Océan arctique

Oceano Artico

pôle nord

Noordpool

pôle sud

Zuidpool

Antarctique

Antartica

terre

mundo

pays

tera

mer

lama

île

isla

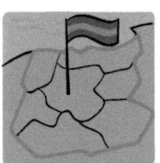

nation

nacion

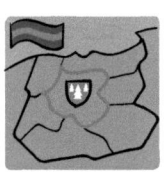

état

estado

cadran

holoshi analog

aiguille des heures

wijzer chikito

aiguille des minutes

wijzer grandi

aiguille des secondes

wijzer di seconde

Quelle heure est-il ?

Cuant'or tin?

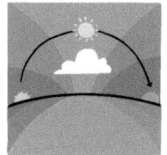

jour

dia

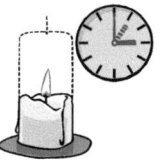

temps

tempo

maintenant

awor

montre digitale

holoshi digital

minute

minuut

heure

ora

semaine
siman

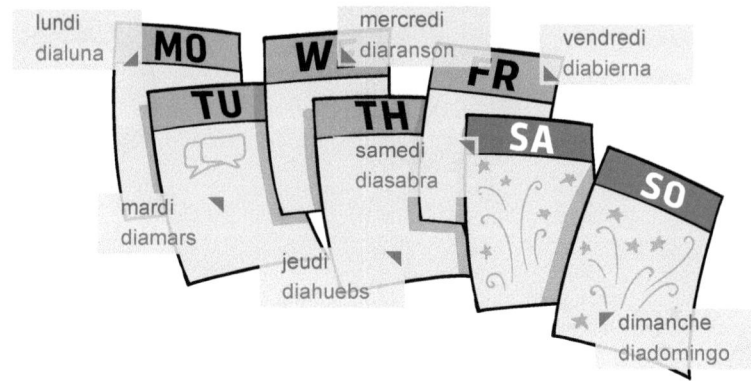

lundi
dialuna

mardi
diamars

mercredi
diaranson

jeudi
diahuebs

vendredi
diabierna

samedi
diasabra

dimanche
diadomingo

hier

ayera

aujourd'hui

awe

demain

mañan

matin

mainta

midi

merdia

soir

anochi

MO	TU	WE	TH	FR	SA	SU
1	2	3	4	5	6	7
8	9	10	11	12	13	14
15	16	17	18	19	20	21
23	23	24	25	26	27	28
29	30	31	1	2	3	4

jours ouvrables

dia di trabou

MO	TU	WE	TH	FR	SA	SU
1	2	3	4	5	6	7
8	9	10	11	12	13	14
15	16	17	18	19	20	21
22	23	24	25	26	27	28
29	30	31	1	2	3	4

week-end

weekend

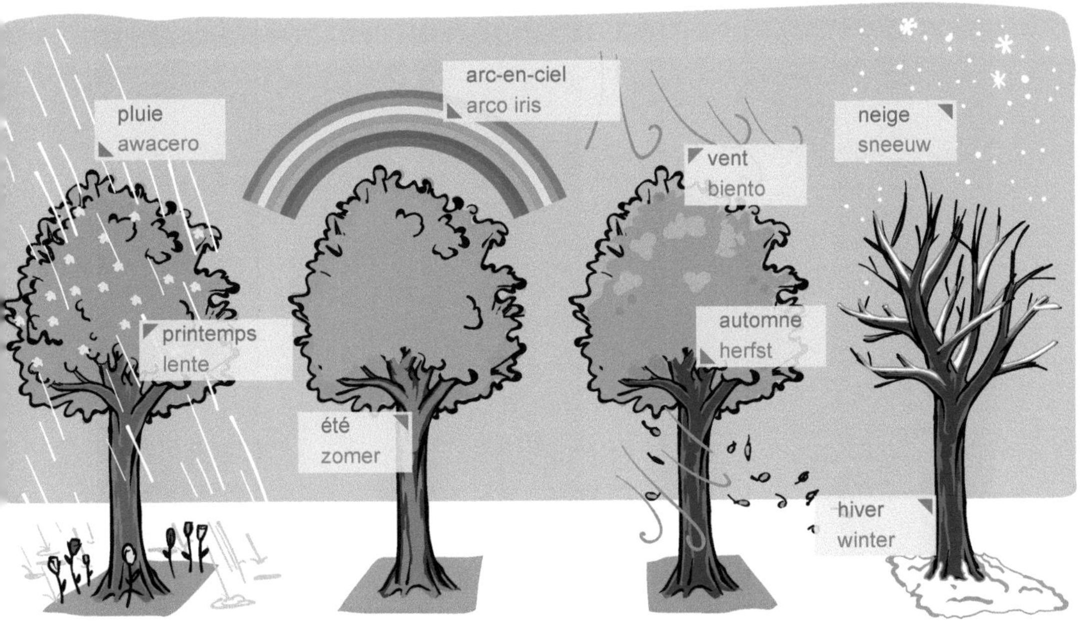

pluie
awacero

arc-en-ciel
arco iris

vent
biento

neige
sneeuw

printemps
lente

automne
herfst

été
zomer

hiver
winter

4.APRIL	11°	☀
5.APRIL	4°	
6.APRIL	13°	
7.APRIL	8°	☀
8.APRIL	10°	☀

météo
pronostico di tempo

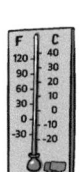

thermomètre
thermometer

lumière du soleil
solo ta briya

nuage
nubia

brouillard
neblina

humidité
humedad

foudre

lamper

tonnerre

strena

tempête

mal tempo

grêle

hagel

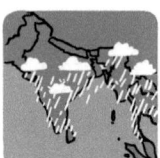

mousson

mal tempo

inondation

inundacion

glace

ijs

janvier

januari

février

februari

mars

maart

avril

april

mai

mei

juin

juni

juillet

juli

août

augustus

année - aña

septembre
....
september

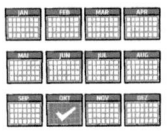

octobre
....
october

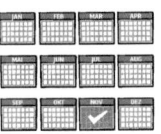

novembre
....
november

décembre
....
december

formes

forma

cercle
....
circulo

carré
....
cuadra

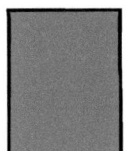

rectangle
....
rectangulo

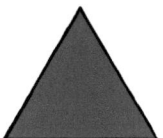

triangle
....
triangulo

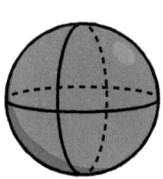

sphère
....
bol

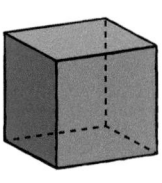

cube
....
kubus

blanc

blanco

jaune

geel

orange

oraño

rose

ros

rouge

cora

violet

biña

bleu

blauw

vert

berde

marron

bruin

gris

shinishi

noir

preto

beaucoup / peu

hopi / tiki

fâché / calme

rabia / trankil

joli / laid

bunita / mahos

début / fin

comienso / final

grand / petit

grandi / chikito

clair / obscure

cla / scur

frère / soeur

ruman homber / ruman
muhe

propre / sale

limpi / sushi

complet / incomplet

completo / incompleto

jour / nuit

dia / anochi

mort / vivant

morto / bibo

large / étroit

hancho / smal

comestible / incomestible

comibel / incomibel

méchant / gentil

mal hende / bon hende

excité / ennuyé

ansioso / ferfela bo mes

gros / mince

gordo / flaco

premier / dernier

prome / ultimo

ami / ennemi

amigo / enemigo

plein / vide

yen / bashi

dur / souple

duro / moli

lourd / léger

pisa / lihe

faim / soif

hamber / sed

malade / sain

malo / saludabel

illégal / légal

ilegal / legal

intelligent / stupide

inteligente / sabi

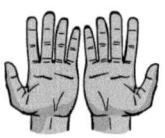

gauche / droite

robes / drechi

proche / loin

cerca / leu

nouveau / usé

nobo / uza

rien / quelque chose

nada / algo

vieux / jeune

bieu / jong

marche / arrêt

cendi / paga

ouvert / fermé

habri / cera

faible / fort

keto / duro

riche / pauvre

rico / pober

correct / incorrect

bon / fout

rugueux / lisse

grof / liso

triste / heureux

tristo / contento

court / long

cortico / largo

lent / rapide

pocopoco / lihe

mouillé / sec

muha / seco

chaud / froid

cayente / friu

guerre / paix

guera / paz

0	**1**	**2**
zéro	un / une	deux
cero	un	dos

3	**4**	**5**
trois	quatre	cinq
tres	cuater	cinco

6	**7**	**8**
six	sept	huit
seis	shete	ocho

9	**10**	**11**
neuf	dix	onze
nuebe	dies	diesun

12

douze

diesdos

13

treize

diestres

14

quatorze

diescuatro

15

quinze

diescinco

16

seize

diesseis

17

dix-sept

diesshete

18

dix-huit

diesocho

19

dix-neuf

diesnuebe

20

vingt

binti

100

cent

shen

1.000

mille

mil

1.000.000

million

miyon

langues
idioma

anglais

Ingles

anglais américain

Ingles Mericano

chinois mandarin

Chines Mandarin

hindi

Hindi

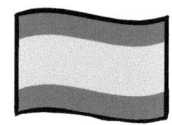

espagnol

Spaño

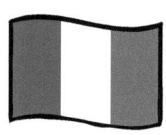

français

Frances

arabe

Arabe

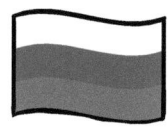

russe

Ruso

portugais

Portugues

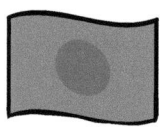

bengali

Bengal

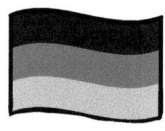

allemand

Aleman

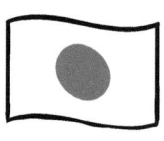

japonais

Hapones

je

ami

tu

abo

il / elle / ce, c', cela

e

nous

nos

vous

boso

ils / elles

nan

Qui ?

ken?

Quoi ?

kico?

Comment ?

con?

Où ?

unda?

Quand ?

ki ora?

nom

nomber

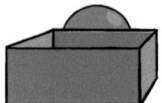

derrière

patras

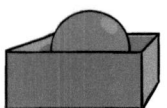

dans

den

devant

dilanti di

au-dessus

ariba

sur

riba

en-dessous

bou di

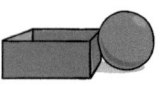

à côté de

banda di

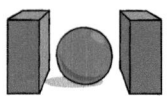

entre

entre

lieu

luga